AF409928

راشد سعيد عبد الله الظهوري

❖ حاصل على بكالوريوس مِن جامعة الإمارات بتقدير امتياز، ثم على ماجستير مِن جامعة الشارقة بتقدير امتياز.

❖ يعمل مدرسًا لمادة التربية الإسلامية.

❖ طالب في مركز (الموطأ).

❖ يحب الكتابة، ويعتبر القلم صديقًا مقرَّبًا، حيث يستنطقه للوصول إلى فكرة إيجابية تبعث الأمل في نفسه إذا قرأها بعد مدة مِن الزمن.

الإهـداء

إلى

- والديَّ الكريمين اللذَيْن تربيتُ في كنفهما.
- أساتذتي الكرام الذين بثُّوا الخير في نفسي.

وإلى

زوجتي الكريمة، وكل محبٍّ للكلمة الخَيِّرة؛ مؤمنٍ بما لها مِن أثر على النفس الطيبة.

راشد سعيد عبد الله الظهوري

في دروب الحياة

AUSTIN MACAULEY PUBLISHERS™

LONDON • CAMBRIDGE • NEW YORK • SHARJAH

شكر وتقدير

أشكر القائمين على مركز الموطأ في أبوظبي لما هيّئوا مِن تسهيلات لأبناء الإمارات وطلبتها في سبيل نشْر قِيَم التسامح والسلام.

الفهرس

بِسْمِ اللَّهِ الرَّحْمَنِ الرَّحِيمِ

أحاديثُ كانت تجول بالخاطر

فاختارتْ صحبة الأقلام والدفاتر

الحمدُ للَّه

حياة تمضي بنا، تُنْسينا أحداثُها أحيانًا، كيف السبيل إلى احتواء آلامها، والفرح بما قُدِّر لنا فيها مِن السعادة.

فيها ربوع للسعادة، وأخرى لنقيضتها، هكذا خُلِقَتْ، لا بد لنا أن نرضى بطبيعتها، وأن نُقِرَّ بفصولها التي تتناوب علينا، وتُلقي بظلالها علينا، لا محالة سنلقى فيها صيفًا، وشتاءً، وخريفًا، وربيعًا.

فالحمد لله أبدًا على كل ما يأتينا مِن قِبَلها، فالقلم خطَّ أقدارنا في الأزل بعلم الله تعالى ومشيئته، ومهما عشنا فلن يمسنا فيها خلاف ما قُدِّر لنا، وبنظرة خاشعة مطمئنة في مطلع سورة البقرة يجد المؤمن في مدح عباد الله المؤمنين:

﴿الَّذِينَ يُؤْمِنُونَ بِالْغَيْبِ﴾ [البقرة:3]

ولا أدري، إن لم يكن هذا سر الإسلام الأعظم، فهو أحد أسراره العظام قطعًا، كيف لا؟ وهو أحد أركان الإيمان الستة التي تضمَّنها حديث جبريل (عليه السلام).

ثم السؤال: كيف يكون الإيمان بالغيب؟ حيث إن المتبادر إلى الأذهان أن الإيمان إنما يكون بالأشياء التي تنتظمها حواس الإنسان المختلفة، لا بتلك الأمور التي تتوارى خلف أستار الغيب، وهنا تبرز وتتجلى عظمة دين الإسلام، ويفهم طرف مِن حديث نبينا (صلى الله عليه وسلم) يمتدح فيه جماعة آمنوا به وصدقوا برسالته، ولمَّا يروه، حيث أضحى الغيب في قلوبهم الطاهرة مُشاهَدًا، بل قد يرتقي عالم الغيب في قلوب ثلة مِن عباد الله المؤمنين على عالم الشهادة، وأعظم بها مِن حياة، حياة أولئك المؤمنين، حيث تكون نظرتهم للأمور، وفهمهم لها وفاقًا لقول الله (تبارك وتعالى):

﴿قُلْ لَنْ يُصِيبَنَا إِلَّا مَا كَتَبَ اللَّهُ لَنَا﴾ [التوبة: 51]

دمعةُ الخلود

للدمعة حضور دائم في حياة بني آدم، وموجباتها متنوعة، وهي تعطي مؤشرًا صادقًا على مدى علو همة صاحبها، فبدمعة ممزوجة برحمة الله تعالى يدخل صاحبها الجنة مصداقًا للحديث:

"عينان لا تمسهما النار: عين بكت مِن خشية الله، وعين باتت تحرس في سبيل الله".[1]

وثمة دمعة على عدم، يسيلها صاحبها مرارًا على دنيا أو متعلق بها، يرهق بها مشاعره، فالدنيا فانية بكل ما فيها، فعلامَ البكاء أو المبالغة فيه؟ على ذاهب ذهب منها؟! لا سيما أن الباكي الآسف عليها سيرحل هو الآخر منها في يوم مِن الأيام.

وشتان بين الدمعتين: دمعة الخلود، ودمعة العدم، دمعة تورد صاحبها خير مورد يوم القيامة، ودمعة يعذِّب بها المرء نفسه.

---

[1] رواه الترمذي.

والمرء ما دام في هذه الدنيا حريٌّ أن يُكثر مِن الدمعة الأولى على حساب الثانية، وإنِ اضطَّرته الدنيا في لحظة ضعف إلى الثانية منهما فلا يكثرن منها، وليعطِ كل ذي حق حقه.

قوّةُ الابتِسامة

كان ضائقًا في يوم مِن أيام هذه الدنيا، غير أن فيه طبعًا يحاول جاهدًا أن يلتزمه ولا ينساه دومًا، وهو أنه لا يؤذي الآخرين لمجرد أن الهمَّ حل بساحته، وفي هذا اليوم بالتحديد استطاع التلبس بطبعه، فحصل على ثمرة سُرَّ بها؛ حيث كان ابتداءً مهتمًا لأمر أظلَّه، غير أنه رأى رجلًا كبيرًا في السن، فأسرع في قلب ملامحه، راسمًا الابتسامة على وجهه؛ ليقابل بها هذا الشيخ الكبير، فإذا بالشيخ الكبير لم يستطع مقاومة ابتسامة صاحبنا ليرد عليها بابتسامة أجمل منها، لترتد ابتسامة الشيخ على قلب صاحبنا مباشرة، لتزيل أثر الهمَّ مِن قلبه.

أسماءُ اللهِ الحُسنى

يعيش الإنسان في هذه الدنيا حياة واحدة، وهذه الحياة مِنَّة إلهية، وهبها الله لهذا المخلوق الضعيف؛ ليبلو صنعه فيها.

فإذا ما قرر الإنسان أن يخوض هذه الحياة اعتمادًا على حوله وقوته، فإنه – لا محالة – قضى على حياته، عوضًا عن أن يحسن فيها إلى نفسه ابتداءً، وإلى سائر كل ما في هذا الوجود، بخلاف ما لو عاشها اعتمادًا على ربه (سبحانه وتعالى)، يستلهم منه النصر والتأييد والرشاد.

ولأحدنا أن يتخيل حياة ذلك المؤمن الذي يعيش مع ربه لحظات هذه الدنيا، فيأنس بالوجود، كما يأنس الوجود به، فهو يرحم الناس ناشدًا رحمة ربه، فالجزاء مِن جنس العمل، ويحسن إليهم طامعًا في إحسان الله تعالى إليه، وشتان بين الإحسانين، إلا إننا مأمورون بالتسبب في هذه الأرض، والضرب في أنحائها بقدر استطاعتنا، راجين مِن الله كل الخير، فهو أهل لذاك جلَّ في علاه.

وهذا المؤمن يرى كل ما في الوجود جميلًا، ويتمثل دومًا قول الله تبارك وتعالى:

﴿وَلِلَّهِ الْأَسْمَاءُ الْحُسْنَىٰ فَادْعُوهُ بِهَا﴾ [الأعراف:180]

فإذا ما ألمَّ بمعصية استنجد بربه الغفور طالبًا منه الصفح والغفران بحكم قصوره البشري، وإذا ما ضاق به الرزق، تضرّع إلى ربه خير الرازقين أن يتولى أمره، وهكذا في سائر أسماء الله الحسنى، فتغدو حياة المؤمن في هذا السياق مترامية الأبعاد، حيث لم يعشها بآدميته الضعيفة، بل عاشها في ظل رعاية ربنا، وأكرِمْ بها مِن حياة! تلك الحياة التي يلمح فيها المؤمن مع كل تحدٍّ مِن تحدياتها اسمًا كريمًا مِن أسماء الله الحسنى، فيتغلب عليه بإذن الله.

وفي هذا المعنى يذكر الإمام أحمد بن معد المالكي أنَّ "مَن تمسَّك بالله، فهو الغالب، ولو أنَّ جميع مَن في الأرض له طالب"[1]. فلا يبخلنَّ أحدنا على نفسه بهذه الحياة، وليكثر مِن القراءة في الكتب المصنفة في شرح أسماء الله الحسنى، فستنكشف له معانٍ جميلة كانت غائبة عن ذهنه ردحًا مِن الزمن.

---

[1] الإنباء في شرح حقائق الصفات والأسماء، للإمام أبي العباس أحمد بن معد الأقليشي الأندلسي المالكي، (912/2).

تفسيرُ الأحداث

يمنِّي المرء نفسه بأماني متعددة في هذه الدنيا، غير أن كثيرًا منها يصطدم بواقعه، ويتمنَّع على التحقق، ويضحى عصيًا على تعاقب الأيام، ممَّا يُدخِل الهمَّ على قلب هذا المرء، حيث لا يجد مبررًا – وفقًا له – في ابتعاد هذه الأماني عنه.

والمتوجب على المسلم التسليم لأمر الله تعالى، فلله تعالى حكم قد تخفى على العبد، فنظر العبد لا يعدو حدود زمانه ومكانه الضيقين، وعلْم الله تعالى أحاط بكل شيء، وما يُدري العبد المسكين؟ فقد يكون في ثنايا هذه الأمنية مضرة تحيق بأمر دينه، وما الدنيا بأسْرها إذا مُسَّ دين الإنسان؟! أولعلَّ الله تعالى لحكمة يعلمها أخَّر هذه الأمنية لوقت معلوم عنده، فإذا ما تقدمتْ عليه أضرَّتْ صاحبها.

والمتأمل في سورة الكهف تلوح له في قصصها المتنوعة لمحات مِن رحمة رب البرية سبحانه، خاصةً قصة موسى والخضر (عليهما السلام)، وكل قارئ لهذه القصة يحمد الله تعالى بعدما يتبين حكم الله في ختامها، كما حمد الله تعالى نفسه في بدء السورة ومطلعها.

وأحد الملامح المستفادة مِن هذه السورة الكريمة أنَّ حمْد الله تعالى متعين في كل وقت وحين.

حمامتان

كان في مهمة تدريبية ميدانية، لاحتْ له مِن بعيد حمامتان، كأن إحداهما مغضَبة مِن الأخرى، فهي تعاتبها، غير أن صاحبتها لا تعبأ بها.

دعا الله في قلبه أن يؤلف بينهما، حال دونهما حائل لبرهة مِن الزمن، تذكَّر صاحبنا جارتيه، فنظر إلى محلهما، إلا إنه تفاجأ باختفاء إحدى الحمامتين عن ناظره، فاهتم لأمر الغائبة: أغادرتْ مضمرة اللا عودة؟! إلا إنه عندما ركَّز نظره سُرَّ كثيرًا؛ لأن مَن ظنها غادرتِ الرَّبع قريبة جدًّا مِن الحمامة الأخرى، بحيث يراهما الناظر مِن بعيد حمامة واحدة، وهما فعليًا حمامتان غلبهما الحنين فتجاورا، فالحمد لله أن أجاب دعاءَه.

الدُّعاء

تمرُّ بابن آدم لحظات لا يقوَى فيها على الإقدام؛ لكون المستقبل مجهولًا بالنسبة له، كما أنه يلتفت للماضي أحيانًا، فيتذكر أمورًا تبعث الضعف في نفسه، فيقف حائرًا في بعض هذه اللحظات، ممَّا يُولِّد عنده شعورًا ورغبة بالتريث قليلًا، وما أجمل هذه الوقفة إذا كانت بمعية الله تعالى، المطَّلِع على خفايا الأمور، العليم بما كان، وبما يكون!

فبدعوة صادقة مِن صميم الفؤاد تضحي كل هذه الأمور المخيفة سرابًا تعقبه ساعات مِن الطمأنينة بالله تعالى، كيف لا؟! وربنا الكريم - جلَّ في علاه - يستحيي مِن عبده المسكين إذا سأله في ساعة صفو، متوسلًا إليه بجميل أسمائه أن يخيبه، فربنا خير مَن رُجي، وأكرم مَن أُمِّل ودُعِيَ.

بل إن ابن آدم يحس في بعض هذه اللحظات بلذة العبودية لرب البريات، فيبث ربه كل همومه - صغيرها وكبيرها، وكلها في جنب الله صغير - محسنًا الظن به تعالى، فيغدو الدعاء بكل ما يلابسه مِن أحوال مِن أفضل العبادات، مصداقًا للحديث النبوي:

"الدعاء هو العبادة"[1].

حيث إن المسلم في بعض هذه اللحظات لا يقف أمام يقينه بربه شيء، حيث يسلم ربه مقاليد أمره كلها، فيبرأ مِن حوله وقوته، ويقر بضعفه وتقصيره في جنب الله، ويؤمل ما في يدي ربه مِن جزيل الخير والعطاء، فالحمد لله ربنا على نعمة الدعاء.

سنلتقي

الافتراق أحد سنن الحياة، حيث تجبرنا الدنيا على فراق كثير ممَّن نودُّ قربهم ونهواهم، غير أن هذا المعنى غير معني ثمة، حيث إن اللقاء متحتم بعد هذا الفراق الذي أعنيه هنا، وذلك أن زمن الالتقاء ومكانه لا كهيئة أزمنة الدنيا وأمكنتها.

فإذا ما كان اللقاء متحتمًا، قل لي: بالله عليك، كيف تود أن تلقى حبيبًا أثيرًا على قلبك بعد طول غياب؟! كأني أعرف إجابتك، فالحب فطرة بشرية تسري أحكامه على جميع بني آدم، فكلهم ينشد ويحب لقيا الأحبة، لكن دعني أهرب مِن الإجابة قليلًا؛ لأعيش معك تلك اللحظات، بل دعني أخبرك أيضًا أن هذا اللقاء قد لا يكون مأمونًا، بل قد يكون محفوفًا بالصعاب، بل الأدهى مِن ذلك قد ينتهي بالبراءة والرغبة في الافتراق الأبدي، ولكن هيهات، وفي المقابل بل أكاد أجزم أن هذا اللقاء سيكون مِن أجمل لقاءات ابن آدم.

والحاصل أن طبيعة هذا اللقاء مبنية ومعتمدة بعد رحمة الله تعالى على ما قمت به وهيَّأته مِن ظروف مناسبة، فمردُّ الأمر إليك، بيدك أن يكون لقاء العمر، أو البراءة مِن الطرف الآخر.

لعلِّي أطلتُ عليك في الإجابة، ولعلك قد عرفتَ طرفي اللقاء، حيث سيكون بينك وبين نفسك التي بين جنبيك يوم تُرَدُّ إليه روحك، فما أصعبه مِن لقاء! ذلك اللقاء الذي يبرأ فيه المرء مِن نفسه وأعماله التي أملتها عليه في الدنيا، وما أجمله مِن لقاء ذلك اللقاء الذي ينظر المرء إلى نفسه بمنتهى الفرح والسرور، قال تعالى: ﴿وُجُوهٌ يَوْمَئِذٍ نَّاعِمَةٌ ۝٨ لِّسَعْيِهَا رَاضِيَةٌ ۝٩﴾ [الغاشية: 8 - 9]

لذلك تذكَّرْ أخي الكريم بأننا – لا محالة – سنلتقي.

الأملُ الخيِّر

ذلك الشعور القريب البعيد الذي يُحَلِّي حياة الإنسان رغم كثرة ما يكدر صفوها، يلجأ إليه الإنسان المتفائل، فتصير دمعته له لا عليه، حيث تناجيه ويناجيها، ويغالبها قبل أن تتمكن منه.

وأجمل ما في الأمل أن لا حدود تحده، بل بقدر ما يكون المرء مكسورًا بقدر ما يكون محتاجًا إليه، فيجد في مصاحبته الترياق لكثير مِن الأمور التي لا ينفع معها طب طبيب ولا دواؤه.

ولا يأتينَّك آتٍ فيزين لك أن الأمل منه ما يكون منطقيًّا، ومنه ما لا يكون كذلك، بل إن الأمل – في ظني – لا يخضع لأي اعتبار، فما دمتَ عبدًا لله فلا مستحيل في جنب الله، فأمِّل الخير مِن ربك ما حييتَ، وإذا ما مِتَّ أيضًا، ولا يزيدنك سريان الليالي والأيام إلا تشبثًا بأملك، فمَن ذا الذي يحُول بينك وبينه؟! ثم حذارِ حذارِ أن تستطيل الآماد في سبيل تحقيق أملك، بل إذا لم يبقَ مِن العمر إلا لحظة فلتعشْها مع أملك، ولا تتخلَّ عنه، وإذا خُيِّرتَ في هذه اللحظة بين أن تموت أنت أو يموت أملك، فلتمتْ – دون تردُّد – دون أملك، فالحياة بلا أمل لا تُعاش.

ذِكراكم

يأنس البشر بعضهم ببعض في هذه الدنيا، وهذه إحدى سنن الكون، حيث لا يستطيع أيُّنا العيش بمفرده.

والحق أن الناس متفاوتون في هذا المقام، فتجد البعض منهم يكثر مِن اتخاذ الأصحاب، في حين لا يستطيع البعض ذلك، وليس المقام مقام تقييم لأفضلهما، بل هو مجرد تأمل في الواقع.

ومِن رحم الحياة، وفي زحمتها نلتقي مَن نتوسم فيه الخير، ويتوسمه فينا كذاك – وإنْ كنا مقرّين بتقصيرنا وقصورنا – فنمضي مع الحياة اثنين ثالثنا الأمل بأن لقيانا لا إلى زوال، غير أن الحياة تأبى إلا أن توقف صاحبينا في لحظة مِن لحظاتها طالبةً منهم الترجل، كلٌّ إلى سبيل غير سبيل صاحبه، فما أقساها مِن لحظات!

وهنا يتفاوت البشر، وَيَبِينُ معدن كلِّ منهم، فالكرام يأبَوْن إلا أن يزدادوا تشبثًا بأصحابهم رغم ابتعادهم، فيقبلون تحدي الحياة، ويقلبون البُعد قربًا، فإذا بالحياة ترمقهم بإعجاب كبير،

وذهول مِن صنيعهم، حيث لم تستطع رغم كل زينتها أن تفرق بين صاحبينا، حيث يذكران ما مضى مِن شأنهما، فترتسم ابتسامة الأمل على محَيَّاهما، ويرفعان الأكف بالدعاء الخالص لبعضهما البعض، فيعيشان كأن لم تعدُ عادية عليهما، ويُسلِّمان أمر التقائهما ثانية إلى رب البرايا – سبحانه وتعالى – مَن إليه الأمر مِن قبل ومِن بعد.

إطلالة

للقلب وفيه عوالم كثيرة قد تربو على عوالم الدنيا الظاهرة، وتزيد عليها، كما أن فيه خبايا وأسرارًا لا يعلم بها إلا رب البرايا، وفيه أيضًا دهاليز، ونوافذ ذات إطلالات متباينة.

وهو كاسْمِه دائم التقلُّب، لا يكاد يستقر على قرار؛ لذلك كانت العناية به مِن أشق وأوجب الأمور المتحتمة على المسلم، بحيث لو تركه وشأنه لمضى فيه في أودية الدنيا مهلكًا إياه.

وعَوْدًا على إطلالات القلب، فهي ترتبط أساسًا بحواسّ الإنسان المختلفة، فيرِدُ على القلب منها أمور مختلفة، تارةً تكون إيجابية، وتارةً سلبية، وتارة تكون باختيار المرء وطلبه، وتارةً رغمًا عنه، فتُحدِث فيه آثارًا متباينة، قد تتصاعد لحد الاعتراك حال تناقضها، فيُضْحي القلب الصغير ساحةً لبعض هذه المعارك، والموفَّق مَن وفَّقه الله وعصمه، بحيث يلجأ لربه ويحتمي بحماه، طالبًا منه أن يحفظ له قلبه، كما أن عليه أن يُحكِم السيطرة على هذه الإطلالات – قدر

استطاعته – موجهًا إياها إلى الخيرات، فبقدر ما تُطلُّ على الخير يطلّ عليك، وبقدر ما تطلُّ على السوء كذلك يطلّ عليك.

فلتحرص على حواسك أتمَّ الحرص، فهي تمثل نوافذ قلبك على العالم الخارجي، فلا تُرجِّي مِن قلبك الخير وأنت تُعرّضُه للمهلكات عن طريق بصرك وسمعك، بحيث تجمع عليه مِن كل باب مِن أبواب السوء سيئة، لتتراكم على قلبك الضعيف أساسًا، فتزيده وهنًا على وهنه، بل المتوجب عليك أن تنتقي لقلبك كرائم الأمور وخيارها، فمصيرك في الدنيا والآخرة موكول إلى ما يستقر في قلبك، وينطبع فيه مِن الخير والشر.

قطعةٌ مِن الأرضِ حَلَّتْ في القلب

أي قطعة هذه؟! كيف استطاعت أن تتبوأ هذه المكانة مِن القلب؟! قطعة شهد النبي (صلى الله عليه وسلم) لمرتادها شهادة عظيمة، حيث حلَّاه بالإيمان إذا هو داوَم التردد عليها، فيها – إن صلحتِ النية – محض الخير، فلا شرف في حرمها، فيها يبرأ الإنسان مِن جوار أهل الأرض أجمعين، ليكون في جوار رب العالمين، إنها بيوت الله العامرة بكل الخير، العامرة قلوب أصحابها بالإيمان، المبشرين ضمن السبعة الذي يظلهم الله تعالى بظل عرشه يوم لا ظل إلا ظله، فللَّه الحمد والمنة أن جعل في الأرض بيوتًا تُنسَب لذاته العلية، حيث يجد فيها المؤمن السكينة والطمأنينة والراحة مِن عناء الدنيا، تقترب فيها الأرض مِن السماء، إذ بالصلاة الخاشعة في رحابها تعرج قلوب المؤمنين في درجات البر، لتصل إلى ما شاء الله تعالى لها مِن الخير.

مِثلها فَكُن

لم نرَ، ولم نسمع، ولم يُنقَل إلينا عنها إلا الخير، جميلةٌ دومًا، ضاحكةٌ أبدًا، لا أدري السرَّ في فرحها الدائم! ألمْ تتعرض لما نتعرض له في هذه الدنيا مِن الأحزان؟! لا تجيب إلا بابتسامتها المعهودة، خلقها الله جميلة، يحبها كل مَن رآها بديهة.

أتساءل: أفي طاقة البشر أن يحذوا حذوها فيكونوا مثلها؟! قد تكون الإجابة بالإيجاب عسيرة، لكنها حتمًا مأمولة، وموجودة في مكان ما في هذه المعمورة، فالخير مبثوث في ثنايا هذه الحياة، ومَن ينشده دومًا، ويسعى في تحصيل أسبابه، ومجانبة نواقضه، سيناله برحمة الله، فعطاء الله واسع غير محظور.

وعَوْدًا إلى صاحبتنا الجميلة، فإنها "الزهرة" التي خلقها الله رمزًا للجمال، بحيث أجمع الكل على حبها لما تبعثه في النفوس مِن مشاعر جميلة حال رؤيتها، والأجمل مِن ذلك أنها تبذل جمالها وخيرها للجميع، فلا تخص به أحدًا دون أحد، وهذا ما لا يتيسر لكثير مِن بني آدم.

المعروف

كلمة زكية، تفوح مِن حروفها معانٍ جميلة، تتحلى بها نفس أبتْ إلا أن تبذل الخير للجميع، فهي تبادر إلى الخير أبدًا انطلاقًا مِن قيم أخلاقية مبنية على اعتقاد راسخ بأن ما عند الله خير وأبقى، ممَّا يسهل عليها صنائع المعروف. فترى المتحلي بالمعروف يفني نفسه – أو يكاد – في سبيل إسعاد الآخرين، وقضاء حوائجهم، ويجد فيه مَن تقطعتْ بهم بعض سبل الحياة نافذةَ أمل إلى المستقبل.

والذي ذلَّل لأهل المعروف هذا الطريق الوعر المتعذر على كثير مِن الناس حادٍ خَيِّرٌ عرفوه يوم عرفوا ربهم، فكلما امتدت أيديهم بالعطاء كانوا على ذكر دائم ليد الله الكريمة التي ستفيض عليهم بصنوف الخير في الدنيا والآخرة.

والمأمول ممَّن يخالط هذه الفئة الطيبة مِن الناس أن يعرف لها قدرها، وأن يرى فيها شيئًا يسيرًا مِن كرم الله تعالى، فإذا كان ابن آدم – على فقره – يتكرم على صنوه، فيسدُّ حاجة مِن حاجاته، فما الظن بأكرم الأكرمين؟! على أن مردَّ أمر أهل المعروف

إلى الله تعالى على الحقيقة، فهو الذي يَسَّرَ لهم هذه المهمة الجسيمة بما أودع في قلوبهم مِن محبة الخير، ورحمة الناس.

على جنباتِ الطريق

بينما يمضي المرء في شأن مِن شؤون حياته، يضطر أحيانًا – أملًا في إتمامه – إلى السير لمسافات طويلة، فلا يجد بدًّا مِن التوقف أثناء سيره؛ ليلتقط أنفاسه، ويستريح قليلًا؛ ليكمل ما تبقَّى له مِن الطريق.

وهكذا مسيرتنا في هذه الحياة الدنيا، لا بد لنا فيها مِن استراحات على جنبات الطريق شحذًا لأنفسنا وهممنا، ولئلا تُنسينا همومنا الوجهة التي يُراد بنا الوصول إليها.

وذِكْر هذه الوجهة على الدوام مِن خير الحوافز التي تذلل كثيرًا مِن صعوبات الطريق، فما أجمل أن يمضي الإنسان في ظاهره لقضاء شأنه، بينما يكون باطنه منشغلًا بالوجهة الكبرى! فيرمق بعينه الجارحة حاجة دنياه، وبعين قلبه إرضاء خالقه ومولاه، فيتم له أمره – والحال هذه – على خير حال.

والجميل أن الخيارات المتاحة للمسلم المؤمن – وهو في الطريق – كثيرة متنوعة، وبعضها لا يستدعي كثير عناء، لكنها تخلف أثرًا طيبًا على نفسية ابن آدم، فمنها على سبيل المثال: دعوة صادقة،

وسجدة في جوف الليل، وإفطار على تمرات بعد صيام نهار ابتغاء رضوان الله، ورحلة – إن تيسرتْ – إلى بيت الله، وتدبُّر آية مِن كتاب الله، بل مجرد تفكير القلب، وحرصه على إرضاء ربه، ومناجاته الدائمة له تعالى يفي بالغرض المطلوب وزيادة، فالله أعلم بنية العبد. فليعقد أحدنا قلبه على الخير دومًا، وليبشر مِن ربه بكل خير.

صحبةُ الأخيار

تحفل الدنيا بصنوف مِن البشر، غير أن فيها أهلًا لله تعالى، اختصَّهم بمزيد عنايته – جلَّ في علاه – فأمدَّهم بالخير مِن لدنه تعالى، وجعلهم كالأعلام يَهتدي بهم مَن ضل شيئًا مِن الطرق، فالحمد لله أن جعل في الدنيا مَن هذه صفته؛ لئلا تضلّ البشرية جمعاء، فلطالما تظاهرت شياطين الإنس والجن على إغواء بني آدم بشتى صنوف الضلالات، غير أن أهل الخير وصالحي الأمة لهم بالمرصاد، فيردُّون على أهل الباطل باطلهم، ويبينون للناس سبل إرضاء ربهم، وهنا يكمن الامتحان، خاصةً أن الغالب على أحوالنا الضعف، وقد ننساق – إن لم يعصمنا المولى – عَن جادة الطريق، فلا أقل مِن أن نحب الصالحين لصلاحهم، ونرى فيهم القدوة الحسنة لنا، وأن ندعو الله تعالى أن يكثر مِن أمثالهم في الأمة، فلقياهم ومجالستهم تبعث في النفوس الأمل، فالخير في هذه الأمة غير منقطع إلى قيام الساعة، حيث تجد فيها مَن أفنى عمره في حفظ كتاب الله، وتفهُّمَ معانيه، أو خدمة سنَّة نبيه الصادق الأمين، أو بيان الحلال والحرام؛ ليُعبَدَ الله على بيّنة، أو جاهد

نفسه وزكَّاها بجميل الأخلاق والشيم؛ ليكون قريبًا مِن نبيه الكريم في الجنان.

والظفر بصحبة هؤلاء الأخيار تختصر علينا كثيرًا مِن الطريق، حيث إن الجلوس إليهم يبعث الخير في النفوس بعثًا، وهنا يتوقف دور القلم، فليس له أن يعدو قدره، فللقوم – لا محالة – أسرار أهلَّتهم لهذه المكانة، وهذه الأسرار يأبى الله تعالى لكرمه جلَّ في علاه إلا أن يُظهرها على سِيماء هؤلاء الصالحين، فيكتب لهم القبول عنده، وفي سمائه وأرضه.

الوحي

أللدنيا سيرورة بغير الوحي؟ نعم، فهي تمضي بجميع الكائنات إلى آجال مضروبة، حيث اختصَّ الله الحياة الأبدية بذاته العلية، فلا بد لأجسادنا مِن ملاقاة المصير المحتوم في يوم مِن الأيام.

إذًا ما سرُّ خلود بعض مفردات الكون البديعة الجميلة؟! فها هي سِيَر الأنبياء وأتباعهم، والصالحين وأشياعهم لم تُطوَ فيما طُوِي، بل ما زالت غضة طرية عاطرة، تحيا النفوس عند تأمُّل قصصها، وقراءة طرف مِن أحوالها.

وقد تقصدت فيما مضى الجمع بين الموت والجسد؛ لأنه ينال منه، وأغفلت عن عمد ذكر النفوس وآثارها الصالحة، فهي عصية على الموت، وإلا لما بقي ذِكْر لشيء منها بعد تقادم الأزمنة والدهور.

ولعل مِن أشرف ما تزكو به النفوس، وتتطاول به الأعمار ارتباطها بوحي السماء؛ لأنه مِن لدن خالق هذه الأكوان، ومِمدّها بالحياة، فهو سبحانه الحي القيوم.

فأما مَن حاد عن وحي السماء فقد كتب لنفسه الفناء، حتى لو عاش سنين عددًا، فكيف إذا اختار لنفسه مجابهة هذا الوحي، والنَّيْل منه، فقد جمع لنفسه مع الفناء ما يشبهه، ألا وهو الذكر السيئ، قال تعالى:

﴿إِنَّا نَحْنُ نُحْيِي الْمَوْتَىٰ وَنَكْتُبُ مَا قَدَّمُوا وَآثَارَهُمْ ۚ وَكُلَّ شَيْءٍ أَحْصَيْنَاهُ فِي إِمَامٍ مُبِينٍ﴾ [يس: 12]

فالحاصل أن للدنيا سيرورة بغير الوحي، لكنه سيرٌ في طياته الموت.

صوتُ الحياة

إنْ كان للحياة صوت فلا أظنه إلا صوت الأمل، وإن كان للموت صوت فلا أظنه إلا صوت اليأس.

فيا مَن تعيش على هذه الدنيا، لا تنس أنك فيها بين نقطتين اثنتين:

1- ولد.

2- رحمة الله على... (ذاته).

ثم إن الدنيا وفي تَسيارها بنا تضعنا تحت وطأة ألم مِن آلامها بعض الأحيان، غير أن هذا الألم إلى انتهاء أيضًا، فذاتهما المرحلتان المتقدمتان تنظمان كل شأن مِن شؤون الحياة، فليست دنيانا هذه بدار قرار، وعليك تذكُّر هذه المنظومة الثنائية دومًا إذا ما تألمتَ، فالرقم اثنان قادم برحمة الله، وسينقضي هذا الألم كما انقضى سالفه، وستعود الابتسامة إلى ذلكم الثغر الموقن بأن في ثنايا الآلام آمالًا.

بقي أن للإنسان واجبًا تجاه أخيه في هذه الحياة، فعليه أن يحيط أخاه بصوت الحياة، ويكفَّ عنه صوت الموت؛ لأني قد

سمِعتُ أخًا لي يئنُّ في يوم مِن الأيام لظلم لَحِقَه، فتمنيتُ أن أَمَكِّن

لصوت الحياة في عالمه عِوضًا عن ذلكم الصوت الآخر.

خيرُ دواء

إذا أراد أحدنا أن ينال مِن دنيا الأنام لكثرة ما يرد مِن قِبَلِها، فعليه بذلكم الدواء.

فقد برهنتِ الأيام والليالي أنها لا تستطيع صُنْع شيء في مقابله، حيث تقف كل أقدارها المقدرة بعلم الله تعالى عاجزة حياله.

وصاحبه محبوب عند الله تعالى غايةً؛ وذلك لِما يَرَى في قلب متعاطيه مِن البرد واليقين، والأمن والأمان، والأُنس والاطمئنان.

وهو في غالب أحواله ذو منقلب حسنٍ، طيبُ العاقبة، محمودُ الخاتمة، ولعله قد بلغ هذه الحالة بالتأمل الدائم في الخواتيم، حيث يمضي بدوائه مخترقًا كل الصعاب والمشاق، فبعض الأقدار ليس لها إلاه.

ثم إن أثر هذا الدواء غير قاصر على الدنيا، بل هو ممتد إلى الآخرة، ماضٍ فيها، حيث يقول المولى جلَّ وعلا:

﴿إِنَّمَا يُوَفَّى الصَّابِرُونَ أَجْرَهُم بِغَيْرِ حِسَابٍ﴾ [الزمر: 10]

عذرتُكِ فسامحتُكِ

حاول جاهدًا وبكل ما أوتي مِن قوة أن يجتمع بأحبابه على هذه الدنيا ساعة مِن الساعات، غير أنها تأبى في كل مرة أن تجمع بينهما رغم كثرة إلحاحه، فتحُول بين اجتماعهما بشتى الطرق والوسائل.

ومِن عادة صاحبنا وطباعه أن يعذر الآخرين، خاصةً إذا جاءوه معتذرين مُقرّين، فما العذر الذي قدمتهُ الدنيا رغم صعوبة الموقف؟!

قالت الدنيا: صدِّقْني، اجتهدتُ غاية في أن أوفق بينكما، غير أن الأمر كان أكبر مِن كل طاقتي وقدراتي، فكلما عرضتُ أمر اجتماعكما على إحدى البقاع والأراضي ترجَّتْني أن أعفيها مِن هذا الأمر. استغربتُ مِن هذا الرفض المتواصل غاية الاستغراب؛ فكلُّ أرض تحب أن يعمرها الحب، إلا إن كل الأراضي تواصتْ على الرفض في حالكما، فما السِّرُّ يا ترى؟!

تظاهرتِ الدنيا بالرحيل، آخذةً معها بعضًا مِن متاعِها، ثم غادرتْ إلى مكان ليس بالبعيد؛ وأخذتْ تفكر بأمر صاحبينا باهتمام بالغ.

استغلّتِ الأراضي هذه اللحظة؛ لتهمس لبعضها البعض، وكانت غافلة أن صدى أصواتها كان في مجالٍ تسمعه الدنيا، حيث كانت في مكان ليس بالبعيد.

قالت إحدى البقاع لصاحبتها: صدقيني عندما كان أحـــدهما يمشي بمقربة مني كنتُ أشفق على الآخر أن يقترب مني أيضًا، كنتُ لا أستطيع أن أحْمل أحدهما على ظهري إلا بمشقة بالغة، فكيف أحملهما سَويًّا؟ أتعرفين لمَ؟! حبُّ هذين لم يُخلَق للدنيا، فليستِ الدنيا تطيق بعضه، فكيف به إذا اجتمع؟!

عادت الدنيا مسرعة عندما سمعتْ هذه الكلمات، ومضتْ بها إلى صاحبنا، وأخبرتْه بما جرى، فما كان منه إلا أن ابتسم، ثم بكى قليلًا، واحتضن الدنيا قائلًا: سامحتُكِ.

فآواه

بُشْرى: حتى ولو كنتَ بعيدًا ستصل، حتى ولو كنتَ كسيرًا سينجبر الكسر، حتى ولو صحبكَ الألم فستصير يومًا في حضن الأمل، فقط امضِ إلى ربك، وأبشِرْ بكل الخير.

ففي حديث الثلاثة الذين دخلوا المسجد فرأوا حلقة، فتقدم أحدهم، فقال في حقه النبي (صلى الله عليه وسلم):

"أمَّا الأوَّل فأَوَى، فآواهُ اللهُ"[1]

قل لي بربك: ما ظنُّكَ بامرئ آواه الله؟ كيف ستكون حياته؟! لن تكون كذلك الثالث قطعًا الذي **"أعرَضَ فأعرَضَ اللهُ عنه"**.

اجلس في بيت ربك ساعة مِن الساعات لترى أثر الحديث قد تحقق فيك عيانًا، فالجوار هناك عزيز، والجار مكرَم أبدًا عند الكرام، فكيف بجوار أكرم الأكرمين؟! ثم كيف بك إذا داومتَ اللجوء إلى ربك، بحيث يكون ذهابك أبدًا إليه، قال تعالى:

﴿إِنِّي ذَاهِبٌ إِلَى رَبِّي سَيَهْدِينِ﴾ [الصافات: 99]

---

[1] رواه البخاري.

عندها يقينًا، ستكون في خير مأوى في الدنيا، وستُكفَى ما يريده غيرك ممَّن لجأ لغير الله تعالى، وأوى إلى سواه.

عندها يقينًا، ستكون في خير مأوى في الدنيا، وستُكفَى ما يريده غيرك ممَّن لجأ لغير الله تعالى، وأوى إلى سواه.

سطوةُ الجمال

عـندما تـقف في مقابلة الجمـال وجهًا لوجه، عـندها سـتقـف عاجزًا عن إبداء أدنى كلـمة.

وليس المقصود في ثنايا ما تقدَّم جمال الصور، فهي فانية لا محالة، بل ماضية إلى نقيض ظاهرها في كثيرٍ مِن الأحيان.

ما الصنيع حيال هذا المأزق إذًا؟! فللجمال سطوته الطاغية، حيث يُصَيِّر في غالب الأحيان الساكنَ متحركًا، والمتحركَ ساكنًا، ويتولَّى زمام الأمر في لحظات.

أما الحلُّ فلا أُراه إلا بالانقياد لسطوته، فالجمال لا يأتي إلا بالجمال، ولا يُكسِب المتعلق به إلا كلَّ الفضائل، فأن تستسلم لجمال روح أخ أو صديق فهذا أمر غير معيب إطلاقًا، بل المعيب أن تقابل جماله بما لا يعرف مقابلتك به؛ فهو ولجمال روحه لا يحسن كثيرًا مما يتعاطاه مَن نقص معدل الجمال عنده إلى مستوياته الدنيا، فضلًا عمَّن عدمه مطلقًا.

وليس أمر الجمال مِن الصعوبة بمكان، فخالقنا جميل يحب الجمال، وعلى مريد التجمُّل أن يُديم اللجأ إلى خالقه جلَّ في علاه،

سائلًا إياه التوفيق لكل جميل، كما يجب عليه أيضًا أن يديم التأمل في ثمرات التحلي بخصال الجمال في حياته، حيث سترتاض نفسه لكل جميل لا محالة، بل وسيرتد جماله جمالًا فوق جماله القديم.

عبيرُ الخير

ما أجملها مِن كلمة! وما أجمل أثرها على الروح وعلى الكون! يحبُّ المستمسكَ بها كلُّ مَن مشى على الأرض، وأحيانًا كل مَن سيمشي عليها مِن بعده، كيف ذاك؟ لا أدري، فأمر السماء غير أمر الأرض، حيث إن لله الأمرَ مِن قبل ومِن بعد.

إنها كلمة الخير بكلِّ تجلياتها، فلا أظن ظروف الزمان – على تنوعها – تستوعبها، فربنا وليُّ كلِّ نعمة وكل خير في هذا الكون، ومِن أسمائه الكريمة الأول والآخر جلَّ في علاه.

وعليه فلا تستقلَّنَّ مِن الخير شيئًا، بل كن منه في ازدياد أبدًا، ولا تعبأ بمَن يتنكر للخير، بل ارجُ له الخير، فلا تدري لعل الله يحدث بعد ذلك أمرًا، فأمر القلوب مِن أخفى الأمور، فلعله تصيبه رحمة مِن رحمات الله في ساعة أنس وصفاء.

ولعلَّ مِن أرجى الآيات التي تفرح أرواح الخيِّرين قول الله تبارك وعلا:

﴿فَمَا بَكَتْ عَلَيْهِمُ السَّمَاءُ وَالْأَرْضُ﴾ [الدخان: 29]

حيث يُفهَم مِن الآية الكريمة أن السماء والأرض، وهما أبرز تجليات كوننا المنظور، يفتقدان ذلك الرجل الخيِّر الصالح، بل يبكيان عليه.

بالله عليك أخي، أليس هذا مِن جميل كرم الله تعالى؟! وخالص خيره ورحمته أن تُوفَّقَ للخير، وتُسَاق إليه وأنت على ظهر الأرض، ثم تُذكَر به وأنت في باطنها، وأنت الضعيف الذي لا تملك لنفسك نفعًا ولا ضرًّا.

فالله الله في نفسك، قابل الخيرات النازلة عليك مِن ربك الكريم بخير مِن قِبَلِك، وأبشِرْ بسَرَيَان عبير الخير في حياتك وبعد مماتك، بل أبشِرْ بنصيب مِن دعوة أبينا إبراهيم (عليه الصلاة والسلام):

﴿وَاجْعَل لِّي لِسَانَ صِدْقٍ فِي الْآخِرِينَ﴾ [الشعراء: 84]

ماتت وهي في قمَّة الجمال

كان في أحد الطرق المليئة بالجمال، حيث كان زاخرًا بأزهار مِن شتى الألوان والأشكال، تحيط بجانبيه الاثنين، أخذه مشهد مِن مشاهد هذا الطريق في رحلة عابرة تختصر حياة الإنسان المسلم الخيِّر المحب للخير للجميع، حتى في أحلك الظروف وأصعبها.

فترى هذا المسلم الطيِّع لربه، المحسن لخلقه، حريصًا على إسعاد الآخرين قدْر استطاعته، فلا يصل إليهم مِن قِبَله إلا الخير، وإن قصُرتْ يده في يوم مِن الأيام عن إيصال هذا الخير إليهم على سبيل العطية، فتراه يمدها لخالق الأكوان طالبًا الإعانة لعباد الله المستضعفين.

والحمد لله رب العالمين أن ربنا تعالى شكور جلَّ في علاه، فلا ينسى لعبده هذه الخَصلة الخيِّرة، فيذكره بها ولو بعد حين، قال تعالى:

﴿لَّا يَضِلُّ رَبِّي وَلَا يَنسَى﴾ [طه: 52]

وأما المنظر فهو زهرة جميلة سقطتْ مِن شجرة طيبة وهي في أبهى حللها، فماتت وهي في قمة الجمال، بل بذلتْ عبقها الطيب حتى بعد مغادرتها دنيا الأنام، لتموت مُحسِنةً كما عاشتْ مُحسِنة.

عندَ خيرِ الأوفياء

لا تملَّ مِن إكرام الكريم؛ لأن الناس وإن نسْتُ فإن الكريم لا ينسى، فكيف إذا كان هذا الكريم هو الكريم حقًّا، فإنك حين تكرمه فكأنما تكرم نفسك، وحين تستحيي مِن نظره إليك، فإنه يستحيي مِن ألا يرد جميلك، ففي الآية الكريمة:

﴿لَّا يَضِلُّ رَبِّي وَلَا يَنسَى﴾ [طه: 52]

لا تنسَ عند الله، تذكَّرْ عند مَن ستجد ما قدمتَ، حيث لن تجده عند كائن مَن كان، بل ستجده عند خير الأوفياء جلَّ جلاله.

ساعتها تتمنى أن يكون ما قدمتَ مِن عمل يليق بهذا المقام الجليل، فلكلٍّ مقام مقال، ولا أرفع مِن هذا المقام.

فاستحضر هذا المقام دائمًا؛ لأن مستحضره في ازدياد مِن الخير، وانقباض عن الشر، مصداقًا لقول الله تعالى:

﴿وَأَمَّا مَنْ خَافَ مَقَامَ رَبِّهِ وَنَهَى النَّفْسَ عَنِ الْهَوَى فَإِنَّ الْجَنَّةَ هِيَ الْمَأْوَى﴾ [النَّازعات: 40]

في صحبةِ الأنجم

لا ترضَ لنفسك وأنت تعيش على هذه الدنيا أن تكون كآحاد البشر الذين خلَّفوا الدنيا وراءهم دون أثر يُذكَر، لتخلِّف هي الأخرى ذكرهم، فما لهذا خُلِقْتَ، فلمَ رضيتَ بالدون؟! تلمَّسْ نفسك، روحك، صدِّقني ستجد فيك ما يستحق أن تعيش معه ولأجله.

لا تمضِ مع مَن مضى، بل قف مليًّا، وأوقف سير الدنيا – لبرهة – لتتأمل أثرَك الطيب فيها، ولا يهولنَّك ذلك، فالدنيا مدينة لأولئك الذين تركوا بصمة فيها، حيث تقف عند سيرهم باقتدار، وتسلِّمُها للأجيال القادمة بكل فخر.

ولستَ ملزمًا في سعيك ومضيك بالضجيج، بل عش حميدًا، لتموت حميدًا، وتُبعَث حميدًا، شأنك في ذلك شأن الأنجم، قال تعالى:

﴿وَبِالنَّجْمِ هُمْ يَهْتَدُونَ﴾ [النّحل: 16]

رائحةُ الطفولة

أخذ قلمًا مِن رصاص مِن جيران له في قاعة الدرس؛ لنسيانه قلمه، فإذا به مكسور القمة، ليأخذ مبراة مِن جيرانه أيضًا، وعندما أخذ يبري القلم أخذتْه رائحة الرصاص المبريّ إلى عالم الطفولة، لتنبعث في النفس تلك المشاعر الجميلة.

فرغم أنه جاوز الثلاثين إلا إنه لم ينسَ سِني الدراسة الأولى، والتي كان القلم الرصاص أحد أبرز علاماتها.

أخذ يفكر مليًّا: ما لِحواسِّنا لمْ تنس هذه الذكريات؟!

قال لنفسه: لا عليك مِن الإجابة، استفدْ مِن هذا الموقف لما تستقبل مِن أيام دنياك، فاجعل لحواسِّك اليوم زادًا جميلًا يصاحبك في غدك الذي لا تدري ما الشأن فيه؟! فقد تواجه فيه بعض الصعوبات؛ لتكون ذكريات اليوم بلسمًا مريحًا لمصاعب الغد، وهنا انتهى المشهد.

ولم ينسَ صاحبنا وهو يكتب هذه الكلمات أن يردد على لسانه: جزى الله جيراني الذين أعاروني قلم الرصاص خيرًا؛ فما رأيتُ منهم طيلة سني دراستي إلا كل الخيرِ.

ماذا تريد؟

هوّن عليك، لا تنسَقْ لإجابتك باندفاع وتهوّر.

هذا السؤال على وجازته قد يختصر حياتك مهما طالت آمادها، كما يختصر قِيَمَك والمعاني التي تحيا لأجلها.

هل تريد المال لمجرد المال؟! إذًا فقيمتك قيمة ما تريد منه، قلَّ أو كثر.

هل تريد المنصب الفلاني لمجرد المنصب؟! إذًا فستمرُّ عليه كما مرَّ غيرك دون أثرٍ يُذكَر.

كأن الأمر خطير، ويحتاج منا إلى حسْن تأمل، وعليه فلا بد لأحدنا مِن أن يراقب مراده على الدوام، وعليه أن يرقى به ويسمو به إلى أقصى ما يمكن له.

فمريد الدنيا غير مريد الآخرة، وربنا وعد كلًّا منهما بمَدد منه تعالى:

﴿كُلًّا نُمِدُّ هَٰؤُلَاءِ وَهَٰؤُلَاءِ مِنْ عَطَاءِ رَبِّكَ﴾ [الإسراء: 20]

فلنحرص على أخرانا كيما تفوتنا الحياة الأبدية، ولا يعني ذاك التخلي عن الدنيا، فهي الطريق الوحيدة إلى الآخرة، غير أنَّ لكل

منهما شأنًا، فشأن الدنيا هيِّن، ويمْكن دفْع بعضها ببعض، والاستعاضة عن شيء منها بآخر، غير أن الشأن كله في الآخرة، فمريدها ساعٍ في رضوان الله تعالى؛ لأن للإيمان بالآخرة أثرًا يطبع حياة المرء ويجملها.

فلنَعُدِ الآن إلى السؤال المتقدم: ماذا تريد؟! هيَّا.. لا تتردد، املأ قلبك بخير المرادات، ولا أظن مرادًا منها يداني أو يقرب مِن رضوان الله تعالى.

ثُمّ

لعل مِن أبرز ما يـميز الحـكماء مِن بني البـشر نظـرهم في عـواقب الأمـور، فتـراهم لا يتأثرون باللحظة الراهنة كثيرًا، فهـم يتأملون في المستقبل، ويستلهمون الـدروس مِن الماضي أيضًا.

وهذه خَصلة حميدة – لا محالة – فالدنيا غير قاصرة على هذه اللحظة، ومِن الظلم للنفس أن تحيط نفسك بمشاعر محدودة وليدة لإحدى اللحظات، لتصحبها في سائر أيام حياتك، فالغد يحمل في طياته الخير والأمل.

فجدِّدْ مشاعرك على الدوام، واجعلها مستعدة لاستقبال أفراح لم تولد بعد، فهي في رحم الأيام، وتوشك أن تدفعها برحمة الله إلى ساحة حياتك.

فعلى المرء أن يجدد الإيمان في نفسه المثقلة بهموم الدنيا، كما أن عليه أن يتخفف منها قدْر المستطاع، فلا بد لـ (ثم) أن تحل في حياته على هيئة مراحل متعاقبة، تعقب إحداها الأخرى، فليجعل في كل مرحلة منها أثرًا مِن نفسه وفي نفسه، وليذكر أثناء سيره في هذه الدنيا أن ثمة مرحلة لا يستطاع تجاوزها، قال تعالى:

﴿ثُمَّ إِنَّكُم بَعْدَ ذَٰلِكَ لَمَيِّتُونَ﴾ [المؤمنون: 15]

فلمَ الوقوف عند سِواها مِن المواقف كثيرًا طالما أن المصير إليها؟! فلا تصلَنَّ إليها إلا وأنت مستعدٌّ لها، واعرف لكل مرحلة قدْرها، وما تستحق منك، فإذا كنتَ كذلك فأبشِرْ بما يعْقب كل مرحلة مِن الخير العميم.

لِمَن الغَلبة؟

يمرُّ المرء منَّا بمواجهات كثيرة في حياته، تجعله في مقابلةٍ مع صنف مِن صنوف الباطل في بعض الأحيان، والباطل – وإن تلوَّنَ – فإن العاقبة تكون في الجهة المقابلة له، فهو مموه يحاول أن يكتسب نوعًا مِن الشرعية؛ ليستمر في سيره الوتير لأطول فترة ممكنة.

وقد يمكِّن الله تعالى له لبعض الوقت؛ ابتلاءً لقلوب عباده المؤمنين، مصداقًا لقوله جلَّ وعلا:

﴿أَحَسِبَ النَّاسُ أَن يُتْرَكُوا أَن يَقُولُوا آمَنَّا وَهُمْ لَا يُفْتَنُونَ﴾ [العنكبوت: 2]

وعلى المؤمن – في صولة الباطل – ألا يتخلى عن مبادئه وقيمه، بل عليه أن يزداد بها تعلقًا وتمسكًا؛ لأن أثر إيمانه بمبادئه النيِّرة سيبدو للعيان – ولو بعد حين – حين يخضع الكثير لسلطان الباطل وشهواته.

وها هو القرآن الكريم مليء بالمواقف التي تبين وتحكي أزلية الصراع بين الحق والباطل، وأن الغلبة في جميعها تكون للحق المبين.

فليدِم المؤمن تأمُّل هذه الأخبار؛ ليخلص منها إلى اليقين التام بقوله تعالى:

﴿بِآيَاتِنَا أَنتُمَا وَمَنِ اتَّبَعَكُمَا الْغَالِبُونَ﴾ [القصص: 35]

بحارُ الرضوان

يَنِدُّ عن فهْم كثير مِن بني البشر بعض مِن المعاني التي لا يدركون كنهها على الحقيقة، بحكم ثنائية الغيب والشهادة التي تحكم هذا الكون بأجمعه، فتراهم ينظرون إلى ظواهر الأمور، ثم هم ينقسمون إلى مَن يستمسك بهذه الظواهر في فهْم ما يجري لهم مِن وقائع في هذه الحياة، وإلى مَن يعرف لهذه الظواهر قدرها، فهي لا تعدو – في نظرهم – إلا ناحية مِن الصورة الكاملة.

وشتان بين الفريقين، حيث تستولي على الفريق الأول الدنيا بكل طغيانها، وما أقساها إذا طغت! حيث تسوم المتعلق بظواهرها صنوفًا مِن العذاب، بحكم استيلائها على قلبه، وتمكُّنها منه.

في حين يكون المتأمل في العواقب في مأمن مِن هذه الحال: حيث يترقب الرحمة الإلهية في كل لحظة وحين، مستمسكًا بالوعود الإلهية الصادقة الحقة، فترى المسألة عنده لا تعدو مجرد ساعات وأيام ستمضي فيما مضى مِن هذه الدنيا؛ لتستسلم هي الأخرى في نهاية المطاف إلى وعد الله تعالى المنجز، وحينها سيجد لذة الرضا مضاعفة في قلبه الطاهر.

صفحةٌ لمْ تُطْوَ

ما أكثر الصفحات التي نقلبها في حياتنا، نعبأ ببعضها إلى حين، ولا نهتم بالأخرى كثيرًا، إلى أن تفاجِئُنا الحياة بصفحة لا كباقي الصفحات، ففيها كثير مِن البيان والمعاني والبديع، فيها شيء مِن الأنس والسرور والفرح الذي يتسامى عن الوصف، فيها ما تعبأ الصفحة المسكينة بحمله، حتى إنه ليُخَيَّل لقارئها أنها مِن كتاب عتيق مليء بخفي الأسرار.

آه يا صفحتي الأثيرة على قلبي هلا عدتِّ إليّ، فوالله اشتقتُ كثيرًا لحروفك وكلماتك.

أين السرُّ الذي كنتُ قرأتُه بين طيات سطورك وفي ثنايا جُمَلِك؟ أين الوعد الذي أودعتِه قلبي الصغير بعد أن أدمنتُ قراءتكِ؟ أما آن لكِ يا صفحتي الجميلة أن تسفري عن الأمل الذي ضمنته حنايا الضلوع؟

لئِن كنتِ قد اخترتِ أن تطوي عني أخبارك، فلا والله لستُ ممَّن ينسى معروفكِ، فكيف أرضى وداعكِ، وقد صغتُ كثيرًا مِن أحلامي مِن حروفك المستمدة مِن أبجدية النور والضياء والوفاء؟

ثقي تمام الثقة أنه سيحين اليوم الذي تعودين فيه لتأخذي
بيدي لأكمل قراءة قصة لم يأنِ بعدُ لفصولها أن تنتهي.

ذات صباحٍ شتويّ

في إحدى صباحات الشتاء الجميلة كانت السماء الزرقاء تصارعها مجموعة متناثرة مِن السحب البيضاء، لمْ تتميز الغلبة بعد في تلك اللحظة لأحدهما، غير أنه مِن المؤكد أنهما متحابان بحكم الجوار، فالجار يُغلي جاره أيًّا كان صنيعه، وذنبه مغفور عند الكرام أبدًا، فكيف إذا كان الجوار علويًا.

ومِن السماء إلى الأرض، حيث كان يطالع ذلك المنظر المهيب الجميل شاب خرج مِن المسجد للتو بعد أن قضى وقتًا لا يدريه مِن أوقات الدنيا، أو هو مِن أوقات الآخرة، ثم هو لا يدري أيضًا إن كان خرج مِن الجنة للتوّ، رغم أنه لم يدخلها بعد! لا تستغربن، فكل مَن يعيش في ضيافة أكرم الأكرمين تمرُّ عليه لحظات يبيع معها الدنيا بأسرها في سبيل الأنس بالله تعالى.

حدَّث ذلك الشاب نفسه: هل سيسقط الغيث في هذا اليوم؟ كم اشتقتُ للمطر؟ كأن نفسه ردَّتْ عليه مستنهضة همته: هيَّا تواصل مع كونك، قم بالمبادرة، نعم ربنا كريم، إلا إنه يحب مِن

عباده السعي، فما كان منه إلا أن دعا ربه في قرارة نفسه أن ينزِّل الغيث، ثم مضى مستبشرًا بقرب نوال الله.

عباده السعي، فما كان منه إلا أن دعا ربه في قرارة نفسه أن ينزِّل الغيث، ثم مضى مستبشرًا بقرب نوال الله.

سامحكِ الله

بلا مقدمات.. هجمتْ عليه نسمة جميلة تميل إلى البرودة، استلتْ مِن قلبه بقايا ألم، لامستْ صحن خده الأيمن بشكل أكثر عنفًا مِن الآخر؛ حيث هبَّتْ مِن قِبَل يمينه.

ما أجملها مِن نسمة! وما أجمل توقيتها، سبحان مَن أرسلها في هذه اللحظة الحرجة، لتثير في قلبه ذكرى كادت تنمحي، لقد كاد أن ينسى.

صراع لم يُكتَب له بعد خاتمة، يُسَائِل نفسه: كيف سأكون في غدي؟ أفي معية حلمي؟ أم بعيدًا عنه؟ خبريني يا دنياي!

وبعد كل كبوة فيها تهب عليه نسائم كتلك التي هبتْ منذ أسطر، بل تهب أحيانًا مِن أعماقه البعيدة على هيئة أمانٍ وآمال.

ساعةً يتمنى أن يراها ماثلة أمامه، وساعةً يهرب حتى مِن التفكير فيها؛ مخافة أن يفتح عينيه فلا يجدها، ليقول لتلك النسمة: سامحكِ الله، كِدتُّ أنسى.

غير أنها ترسم الابتسامة على وجهه رغمًا عنه، طالبةً منه في كل مرة تهبُّ فيها مزيدًا مِن التشبث بأحلامه وآماله، فعمَّا قريب ستهبُّ

بشكل مختلف؛ حيث لن تهبَّ عليه مِن جهة واحدة، بل ستهبُّ عليه مِن الجهات الأربع، لتجعله محاطًا بحلمه الجميل الذي طالما سعى في طلبه.

دَيْنٌ لا يُستطاع ردُّه

في غمرة الحياة يلف النسيان كثيرًا مِن الأمور التي حقها الذِّكْر الأبدي، حيث إن للحياة أحكامها الغالبة، ممَّا يضطَّر البعض إلى الانطواء على نفسه، وإلى البكاء في معزل عن الأعين، رعيًا لحرمة مشاعر الآخرين، فعلام يُبكي المرء أخاه؟ هكذا يظن المنطوي في بادئ الأمر، غير أن هناك عينًا ترمقه مِن بعيد، عينًا لم يظن في يوم مِن الأيام أنها ترى دمعته التي تبدو على شكل ابتسامة في غالب الأحيان، وهذه أصعب الأدمع وأشرسها.

كان يراقب حركات أخيه وسكناته، رأى تغيُّرًا في طباعه، استغلَّ ساعة خلا فيها أخوه بنفسه موجِّهًا إليه السؤال بكل براءة: أخي.. هل دهاك داءٍ؟ هل أصابك شيء؟

حاول التهرب في البداية نافيًا شيئًا مِن ذلك لهول المفاجأة؛ حيث لم يكن يظن أن أحدًا سيطَّلِع على سره المكتوم الذي مضتْ عليه سنون وسنون، غير أنه استوعب في النهاية وأدرك أن سِرَّه قد بدا ولاح لأخ كريم، صفتْ نفسه فرأتْ ما لم ترَ العيون.

اعترف وأقرَّ بوجود شيء مِن ذلك، واعدًا صاحب السؤال بألا ينسى له كريم وقفته، حيث قيَّضه الله تعالى ليزيح عن أخيه شيئًا مِن حمل السنين، تاركًا في نفسه أثرًا لا تمحوه صروف الليالي والأيام، فليس مِن السهل أن يأتيك مَن لا يعرفك عن قُرب ليبذل وسعه في مساعدتك، لا لشيء إلا لأن طيبته أجبرته على الإقدام، وعدم التخلِّي عن رابطة الأخوة، فوالله إنَّ هذا لهو الإحسان في أجمل صُوَره، ثم هذا أيضًا الدَّيْنُ الذي لا يُستطاع ردُّه.

عددَ سنين

هناك في مكان لا يعلمه إلا الله تعالى، ستطيل المكث فيه، ستتعاقب عليك الفصول الأربعة، سوف تعصف الريح غير بعيدة عنك، سوف تسقط الأمطار وتسيل الوديان، لا أدري كيف سيكون أثرها عليك حينئذ؟ ولا أظنك تعبأ بها؛ لأنك في شغل عنها.

هناك في ذلك المكان المتواري، سيضمُّك حبيب غير حبيبك، سيخالط منك كل شيء.

فجأة، قد يمرُّ مَن كان حبيبًا في يوم مِن الأيام، ربما يذْكرك فيُحسن، وربما ينساك، لكن هذا الحبيب الذاكر لك أو المرء الناسي لك قد يطول بهما العهد جدًّا، لِيَكِلَا ويُسَلِّمَا المرور إلى آخر غريب لا يعرف مِن خبرك شيئًا.

ما أحوجَك ساعتئذ لحصْد ثمار أعمال كنتَ قد قدَّمتَها قبل حلول هذا المكان، فلن تجاور فيه إلا ما قدمتَ في زمن الإمكان.

ففي الأثر أن أعمال الإنسان الصالحة تتمثل له رجلًا حسَن الوجه في القبر، فالله الله: أعِدَّ لمكان ستعيش فيه عمرًا مديدًا مِن

رحلتك إلى الآخرة عدَّته، ثم لا تنسَ مَن سبقك مِن الأهل والأقارب إلى ذلك المكان، آنِسْ وحشته بدعوة صادقة؛ لعلَّ الله يؤنس وحشتك.

محطّتان

يمشي البشر في هذه الدنيا، فيصيبُ منها، كما تصيبُ منهم هي الأخرى أيضًا، حياة أشبه بالصراع، تسفر مرة عن آلام، ومرة عن آمال.

غير أن البشر يتفاوتون فيما بينهم عند الحلول في هاتين المحطتين، فمنهم مَن يجعل حياته كلها في محطة الألم، ومنهم مَن يزاوج بينهما، ومنهم مَن يغلِّب الأمل دومًا.

كيف ذلك؟! لا بد أن الدنيا أمرضتْ هذا الأخير، أو سلبتْه حلمًا أو حبيبًا، لا بد أنها أذاقتْه المر مرارًا، إلا إنه ولمعرفته بربه، واطمئنانه إليه لم يخضع لها، فهو إن كان في محطة الخير والأمل شاكرٌ لربه، حامدٌ له، مستحضرٌ لأفضاله عليه، عارفٌ بحال الدنيا، متهيئٌ لها، غيرُ متهيب مِن تقلباتها، متزودٌ بزاد مِن الإيمان والتُّقَى، يخفف عنه الوطأة عند حلوله في المحطة الأخرى (محطة الألم).

فتراه عندما يحل فيها – وإن بكى قليلًا – مستحضرًا لتلك المشاعر الإيجابية، والعهود التي قطعها مع ربه على الصبر والرضا عندما كان

في حال الرخاء، ليكرمه الله تعالى عند نزول البلاء، فيربط على قلبه، ويشرح صدره، قال تعالى:

﴿كهيعص ١﴾ ﴿ذِكْرُ رَحْمَتِ رَبِّكَ عَبْدَهُ زَكَرِيَّا ٢﴾ [مريم: 1- 2]

لنْ يموت

- كيف يموت مَن عاش مع ربه دهرًا مِن حياته مخلصًا لوجهه الكريم فيما يأتي ويذر؟

قال تعالى في سورة الكهف:

﴿وَكَانَ أَبُوهُمَا صَالِحًا﴾ [الكهف: 82]

- كيف يموت مَن غرس أملًا في قلب طفل صغير عاش به حياته، فأمدَّ عُمْر غارسه معه؟

- كيف يموت مَن عاش في قلب محب شفيق، فصار له وجودان؛ ظاهرٌ، وكامن، ظاهرٌ على الملأ، وكامنٌ في ذلك القلب الوفي؟

أدفأُ الأمكنة

يتميز هذا المكان بأنه لا يخضع ولا يتحاكم لدوائر العرض ولا لخطوط الطول، كما أنه يتميز بتعرضه لأشد أنواع التغيرات ضراوة على مدار العام؛ حيث يتعرض لما يشبه الزوابع والعواصف الرعدية، والرياح القاصفة، غير أنه يخرج منها بأمان وسلام؟!

ففي كل مرة تعرِضُ له هذه الصعوبات يجابهها بكل عزيمة وثبات، فإذا ما هبَّتْ عليه ريح شمالية جابهها بجنوبية، وإذا ما كانت عاصفة رعدية مخيفة سلَّم لها في ظاهر أمره زمام الأمر، فليس مِن الحكمة المواجهة في كل الأمور، فما تلبث أن تزول تاركةً فيه خَبَرًا يورثه خِبْرة يجابه به أختها في المستقبل.

احتارتْ هذه التغيرات في شأنه: ما لهذا المكان؟! كيف لا يخضع لنا فيمن خضع؟ مِن أين استمد كل هذه القوة التي يواجهنا بها؟ استسلمتْ في النهاية، ثم ما لبث استغرابها أن زال، بعد أن علمتْ أن ذلكم المكان الطاهر الذي لم تستطع كل قواها أن تنال منه يستمد قوته مِن القوي جلَّ في علاه، وهو الذي سخَّرها ابتداء، وأمكن ذلكم المكان منها بما أمدَّه به سبحانه مِن نصر وتأييد.

فليهنأ صاحب ذلك المكان الدافئ، فليهنأ المؤمن بقلبه المليء باليقين بالله تعالى، فهو أدفأ الأمكنة والبقاع وأطهرها، ولن تنال منه شدة بالغة ما بلغتْ؛ فهو عزيز عند ربه.

حياةٌ في رحمِ الموت

قرأ الشيخ عليه وعلى زملائه في الدرس فائدة ذَكَر صاحبها أن الموت أنواع، أولاها بالتقديم الفراق، فنبَّه زميله إلى جنبه إلى هذه الفائدة، وأخذ يفكر فيها.. كيف يكون الفراق موتًا؟!

لعل كل مَن فارق يدرك مدى إصابة هذه المقولة، ويقرُّ الحكيم على ما فيها:

- فأن تمشي وحيدًا بعدما كنتما تمشيان سَوِيًّا، لتأخذ باستنطاق كل الدروب التي مررتُما عليها سَوِيًّا، لعلها رأته يمشي وحده مثلك.

- أن تنام مؤملًا أن تكون في الغد إلى جنبه؛ ليكون اسمه أول ما يَرِدُ على لسانك فجر الغد.

- أن تضم كفَّك مُسَلِّمًا لتفاجأ أنك إنما تُسَلِّمُ على نفسك، فليستْ يده في يدك.

- أن تخرج مِن مصلَّى العيد – عيدًا تلو العيد – وكل أمانيك أن تقع عيناك عليه أينما كان.

- أن تنظر للقمر موقنًا أنه ينظر إليه كما تنظر، ويناجيه كما تفعل.

- أن تفتح النافذة صباحًا، لتتولَّ النسمات العليلة إحياء الحنين الذي لا يتناهى شوقًا له.

- أن ترى الأزهار الجميلة، فتظنُّه بينها.

- أليستْ هذه الأمور تبعث الموت مرارًا في الحياة؟! لكنه موت في رحمه الحياة؛ لأنهما تعاهدا أن يلتقيا، ولا بد للعهد أن يمضي بصاحبينا إلى الحياة مِن جديد.

التَّحدِّي

أتحسبين أيتها الدمعة حال انحدارِك أني انكسرت؟! أتظنين أني يَئِسْتُ؟!

قد يبدو لكِ ذلك، ولكِ الحق، فقد سِلْتِ على خدي رغمًا عني، لكن دعيني أذكِّرُكِ أن الدنيا ما زالتْ بيني وبينك.

سأريكِ في ذات لحظة انحدارك كيف يكون الرد، سأفتح المجال كله أمام قلبي؛ ليرِدَّ عليكِ في صمت، سأجعله مليئًا بالحمد والشكر والثناء على الله تعالى، سأتحداكِ برحمة الله وفضله.

أعترف أني قبلتُ بكِ، وسمحتُ لك ابتداءً أن تكوني على خدي لبرهة، غير أني لا أسمح لكِ أن تتوهمي أني هُزِمْتُ أمامكِ للأبد.

نعم سأبكي، شأني في ذلك شأن بني البشر، لكني لن أستسلم، لا استمدادًا للقوة مِن ذاتي، بل لأن وليي الله، وهو – جلَّ في علاه – وليُّ كل بريء مِن حوله وقوته، واعتصَمَ به على الدوام، فالحمد لله رب العالمين، الرحمن الرحيم.

التَّمادي

تسير بنا الأيام والليالي لأقدار خُطَّتْ لنا في الأزل، وستأتي ساعة نُجبَر فيها على الرحيل، فقد انتهتِ الرحلة، ولا خيار لنا في المُضِيّ، كما لم يكن لنا الخيار في القدوم أصلًا، كيف سننظر ساعتها لتلك السنين التي قضيناها في هذه الحياة؟! يقينًا سيندم كلٌّ منّا بقدْر تفريطه، وبقدر إساءته التي سيخلفها وراءه غير عالم بعاقبتها، فالله المستعان.

لنستحضر سَوِيًّا هذه اللحظة، ولنجعل أنفسنا على ذِكْر دائم لها، ولنقلل مِن ورد السيئات، والتمادي في طرقها قدْر استطاعتنا، فهي مِن أكبر الأخطار المحيطة والمحدقة بنا في سيرنا إلى الدار الآخرة.

ولنفوسنا الأمَّارة بالسوء أكبر إسهام في هذا الخطر، فكيف الخلاص؟!

لا بد مِن التنبه هنا إلى أنه مِن سوء التدبير أن نعتمد على أنفسنا حيال هذا الخطر الكبير، وعليه فلا منجى إلا بالله تعالى، فإذا ما حدَّثتْ نفس الإنسان صاحبها باقتحام السيئة فلا يتمادين معها؛ لأن التمادي غير مأمون في الغالب، فالخطوة تتبعها

خطوات، والسيئة تنادي أختها، فليعتصم المرء ساعتها – ودون أدنى تأخير – بخالقه وبارئه، رافعًا بصره إلى السماء، وكفَّه بخالص الدعاء: ربَّاه..

لا عاصم إلا مَن عصمتَه، ربَّاه أُشهِدكَ أني لا أريد معصيتك، فحقك عظيم، وليبشر إذا ما داوم اللجوء إلى الله تعالى بجميل حفظه، فهو خير الحافظين جلَّ في علاه، وما كان ربنا ليضيع مَن تولَّاه.

تعاهدْ أخاك

ما أقسى الحياة إذا خضنا غمارها وحدنا! وما أهنأها إذا ما واجهناها بمعيَّة إخوان الصدق والوفاء!

وما أصعب أن ترى الخير في أخيك، وترى فيه الأمل، غير أنك تخبئ ذلك في نفسك حياءً منه؛ لئلا تحرجه في يوم مِن الأيام!

لذلك أخي، يا مَن أؤمل مِن أُخُوَّتِكَ الخير، افهمني أرتجيك حتى ولو لمْ أخبرك، صدقْني.. أحبك لا لشيء مِن حطام الدنيا، أحبك لأني أرى نفسي فيك، صدقني عندما أتألم، أتذكرك لا لكي أجعلك تتألم معي، بل لأني موقن أن كلمة منكَ تذهب بكل ما بي؛ لذلك بادر – تفضلًا – بمواساتي حتى لو لم أصرِّح لك بذلك؛ فالحياء طبعي، ألم تلحظ أني أخبركَ بكل ما يحصل معي – أو بأكثره – لا لمجرد الإخبار، بل لأن في ثنايا الأخبار سِرًّا أردتُّ منك أن تلمحه.

قد أكون مخطئًا في حق نفسي وفي حقك، لكن صدِّقْني أخي، لستُ أُحْسِنُ كثيرًا مِن أمور الدنيا، وأنتَ أعرف بها مني، وأحيانًا تغلبني، وقد قيل: "مَن اشتكى إلى مؤمن فكأنما اشتكى إلى الله".

وفي المقابل ثق تمامًا أني إذا ارتبتُ في شأنك، أو رأيتُ ما يشبه الدمعة في عينيك الجميلتين، فلن أسمح لها بإذن الله بأن تنحدر، فأنت أغلى عندي مِن كل ما أملك.

صدِّقْني عندما أجالس نفسي وأعدد أنعم الله تعالى عليّ في هذه الدنيا أجعل في مقدمتها أن الدنيا جمعتْني بك بغير سابق تقدير أو تدبير مني، فلا تظن أني مستعد للتخلي عنك، أو لأتركك تواجه الدنيا بمفردك، سأمضي معك أينما مضتْ بنا الحياة حتى لو تماديت في كتماني، فحاوِلْ أن تقرأ في صمتي قصة الوفاء، ربما لا تفهمني؛ لأني لا أحسن التعبير أحيانًا، ولا ضير في ذلك، فأجمل الكلمات والمعاني تلك التي تُخَطُّ بغير مداد، وتلك التي تُكتَب في صفحات السماء قبيل الغروب بمرأى مِن الشمس والقمر.

الطَّوْر

تُداول الدنيا في سيرورتها بني آدم، فتقلِّبهم مِن طَوْر إلى طَوْر، لكلٍّ منه خصوصيته وميزته، فيعيش الواحد منَّا أعمارًا متناوبة، قد يكون بينها مِن التباين ما يدفع مَن يعيش في ظلالها إلى الاستغراب والتأمل!

ولعل هذا ما يدفع الرتابة عن حياة المرء، حيث لم تجرِ على سَنَن واحد، كما يفرض عليه السعي إلى طَوْر لا كباقي الأطوار، طَوْر يسمو بصاحبه، يناظره أبدًا إذا حلَّ غيره، مؤمِّلًا أن يلازمه أبدًا؛ لما تفيّأ في ظلاله مِن الخير واليُمن والبركة.

كيف المصير إلى هذا الطَّوْر؟! هل يمكن استجلابه أبدًا في أي وقت وحين؟! لعل الإجابة بنعم صعبة نوعًا ما، غير أنها ليستْ مستحيلة.

نعم.. فأجمل أطوار الإنسان وأهناها تلك التي يكون فيها قريبًا مِن ربه تعالى، فيأنس بخالقه الذي أوجده مِن العدم، وأمدَّه بسائر النعم، بحفظ فرائضه، والبعد عن نواهيه، والإكثار مِن ذِكْره، ساعتها تحلو الحياة رغم مرارة كثير مِن أوقاتها، حيث إن لعباد الله المقربين ميزة على سائر البشر، مصّداقًا لقول رب البشر:

﴿ إِنَّ الَّذِينَ آمَنُوا وَعَمِلُوا الصَّالِحَاتِ أُولَٰئِكَ هُمْ خَيْرُ الْبَرِيَّةِ ﴾ [البيّنة: 7]

فهذه بشارة مِن البارئ الخالق المصور سبحانه وتعالى، فليُمسِك أحدنا بهذه البشارة، وليمضِ بها في سائر الدروب، فلن يتعسر عليه أمر، فهو مع خالقه الرحمن مِن خير إلى خير في كل وقت وحين.

عَودًا حميدًا

تجبرنا الحياة في كثير مِن الأوقات، وتحت وطأة ضغوطها إلى أن نغادر ذواتنا إلى أماكن بعيدة قد تكون موحشة ومهجورة، وما يزيد الأمر صعوبة أن هذه الرحلة قد تطول بالبعض كثيرًا، بل قد تنتهي بالبعض دون رجوع.

فما السبيل إلى العودة؟! وكم الوقت المستغرق في رحلة الإياب؟! في الحقيقة لا أعرف، غير أن في الحياة محطات تبشِّر أن العودة ليستْ عسيرة جدًّا؛ حيث تمر بالإنسان لحظات ومواقف ولقاءات تجعله قريبًا جدًّا مِن ذاته، ممَّا يسهل مهمة العودة المرجوة، ولعل منها:

- المرض: حيث يَعرف المرء جيدًا حقيقته في تلك اللحظات، خاصَّةً إذا اشتدَّ به المرض قليلًا، فتراه يعرف للدنيا حقيقتها، ويؤَمِّل مِن ربه الخير، طامعًا فيما عنده مِن كريم النوال، يائسًا ممَّا عند البشر.

- الطفولة: حيث لا يعرف الطفل إلا البراءة، كون فطرته على هيئتها الأولى، حيث لم تلوثها الدنيا بعد.

- مجالسة الأخيار الطيبين: الذين ملؤوا قلوبهم وعمروها بمحبة الله تعالى، ثم بحب الخلق، والحرص على إيصال الخير لهم، فتراهم يؤثّرون إيجابيًا على مَن حولهم، ويُحيُون في أنفسهم الخير، وباعث الفطرة الأولى.

ليلةٌ مقمرة

في إحدى الليالي التي اشتدَّ فيها حنيني إليكم، بحثتُ عن رسول أمين يبلغكم سلامي، التفتُّ يمنة ويسرة، بدا لي مِن بعيد مَن توسمتُ فيه الخير، والقدرة على إيصال رسالتي إليكم بمنتهى السرِّيَّة، ولحُسْن الحظ فإنه كان يشبهكم إلى حدٍّ كبير.

طلبتُ إليه أن يبلغكم سلامي فَصَمَتَ، كرَّرتُ طلبي فكرَّر الصمت.. تركتُ رسالتي عنده رغمًا عنه.

نِمْتُ قرير العين، وقبيل فجر اليوم التالي لاح لي صاحبنا مِن بعيد، ارتسمتْ على محيَّاي ابتسامة وادعة، غير أنه ظلَّ في صمته المريب.

بالله عليكم أحبابنا، أَبَلَّغَكم رسولي السلام؟! وهل عرفتموه بالأساس؟! تذكَّروا.. سأغشششكم.. كان يشبهكم إلى حدٍّ كبير!